QUICKIE SCIENCE
CROSSWORDS AND
WORD SEARCH

DR. MICHAEL F. FLEMING

Trafford rev. 07/27/2015

 www.trafford.com

North America & international
toll-free: 1 888 232 4444 (USA & Canada)
fax: 812 355 4082

CONTENTS

Crossword Puzzles

Word search Puzzles

CROSSWORD PUZZLES

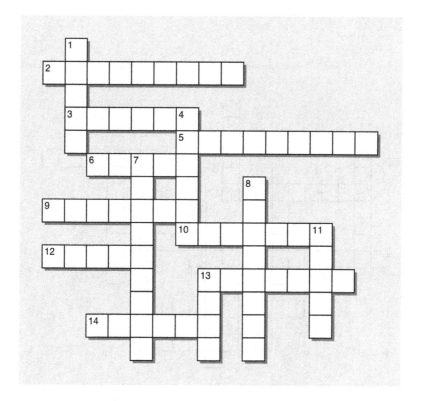

ASTRONOMY

Across

2. relating to the sky
3. seventh closest planet to the sun
5. study of celestial object
6. an object of ice and dust that orbits the sun
9. fifth closest planet to the sun
12. dwarf planet and ninth closest to the sun
13. planet closest to the sun
14. often called a shooting star

Down

1. Second closest planet to the sun
4. sixth closet planet to the sun
7. a piece of meteor that reaches the surface of the earth
8. a chunk of metal and rock that orbits the sub
11. third closest planet to the sun
13. fourth closest planet to the sun

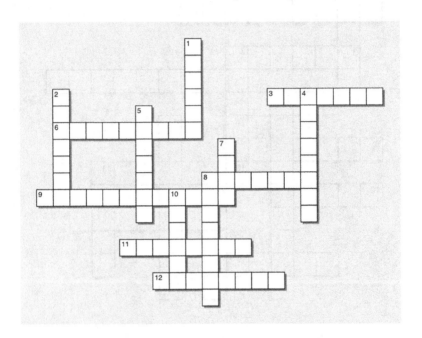

ATOMS

Across

3. part of the atom made up of particles with no charge and a positive charge
6. negatively charged particles of an atom
8. a science that studies the properties and composition of matter
9. equal to the number of protons in nucleus (2-words)
11. atom particles with a no charge
12. name for the outer shell of an atom

Down

1. smaller particles that comprise protons
2. composed of atoms of one kind
4. a science that studies the properties and composition of matter
5. positively charged particles of an atom
7. this model of the atom has been modified to make it more accurate
8. elements are arranged in this table
10. composed of elements

BIRDS

Across

3. a scavenging bird of prey
5. has black cap and bib
8. large bird of prey with varieties called bald and golden
9. largest wingspan
12. the hunting dive of this falcon is fastest in the world
13. orange breast song bird common across USA
14. small to medium sized bird of prey with some called sparrow, sharp-shinned and red-tailed

Down

1. large songbird with showy blue crest and noisy calls (2-words)
2. one variety is world's smallest bird
4. shore and water bird with a huge throat [ouch and long beak
6. nocturnal bird of prey consisting of some who hoot and screech
7. often called redbird due to male being bright red color
10. many types including song, chipping, house
11. black sometimes seen chasing hawks

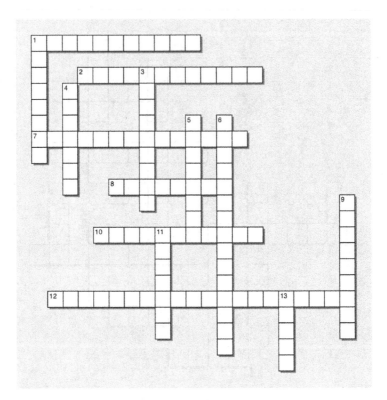

THE CELL

Across

1. cell division
2. convert food to energy
7. stores products of the cell (2-words)
8. digestive system of the cell
10. hereditary units located in the nucleus
12. manufactures ribosomes (2-words)

Down

1. study of the cell
3. jelly-like substance that contains the cell's organelles except the nucleus
4. controls the cells' activities
5. storage containers
6. surrounds and protects the nucleus (2-words)
9. sites of fat and protein synthesis
11. division of the nucleus
13. basic building blocks of plants and animals

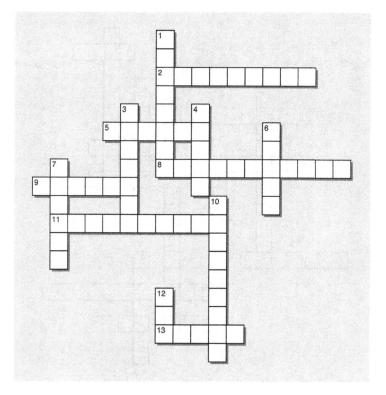

CONSTELLATIONS NICKNAMES

Across

2. often called the little dipper (2-words)
5. the twins
8. he archer
9. the bull
11. the greater dog (2-words)
13. the great hunter

Down

1. the water bearer
3. the winged horse
4. the maiden
6. the dragon
7. the crab
10. often called the big dipper (2-words)
12. the lion

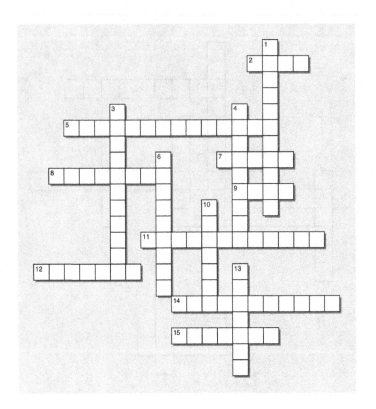

DNA

Across

2. number of base pairs
5. composition of the spiral strands of the molecule (2-words)
7. contained on the DNA molecule
8. one of the base pairs
9. what the A in DNA stands for
11. man who described DNA structure (2-words)
12. one of the base pairs
14. sequence units along the DNA molecule
15. one of the base pairs

Down

1. shape of the DNA molecule (2-words)
3. man who described DNA structure (2-words)
4. term for the rungs of the molecule (2-words)
6. what the D in DNA stands for
10. what the N in DNA stands for
13. one of the base pairs

ELEMENTS

Across

1. liquid at room temperature
3. used to fill balloons
5. atomic number of one
9. can be made to glow a reddish orange
11. all the chemical elements listed on a chart (2-words)
12. symbol for antimony
13. reacts with water to produce highly irritating fumes

Down

2. number of elements that are gas at standard pressure and temperature
4. can be ignited to produce an intense white flame
6. most common element on earth
7. basic building block of life
9. one of the noble gases
10. found in the thyroid glands
11. symbol for lead

FIELDS OF BIOLOGY

Across

1. study of the structure of organisms
3. study of genes and heredity
4. study of fossils
7. study of amphibians and reptiles
10. study of fungi
11. study of microscopic organisms
12. study of the relationship between organisms and their environment
14. study of animals

Down

2. study of birds
5. study of insects
6. study of traits from parents to offspring
8. study of the functions of organisms
9. study of plant cultivation
13. study of plants

FOOD

Across

2. number of calories in one gram of protein
4. replaces the food pyramid (2-words)
6. number of calories in one gram of fat
7. the good type of cholesterol
8. some foods are high in this, which comes in soluble and insoluble
10. should be read on the label before purchasing foodstuffs
11. type of healthier carbohydrate
13. a term for starch in foods

Down

1. Studies the health benefits of food and diet
3. Essential for overall health
4. type of good fat found in some foods
5. a type of good fat found in some foods
9. a type of bad fat found in some foods
12. the bad type of cholesterol

SPIDERS

Across

3. one of three body divisions
4. number of pairs of legs on spiders
9. silk spinning organ
12. fears of spiders
13. phylum containing spiders
14. another term for poisonous spider

Down

1. large and very hairy sider
2. has a violin marking (2-words)
5. often called a spider, but is not one (3-words)
6. female has red hourglass shape on underside of abdomen (2-words)
7. one of three body divisions
8. one of three body divisions
10. name for a spider that lives beneath surface of ground
11. spiders are not insects because insects have this many legs

FLOWERS

Across

2. contains female reproductive organs
5. pollen receiver
6. contains pollen tube
8. these enclose the developing bud
10. pollen containing
11. term for the stem

Down

1. Supports the anther
3. colored, showy part of the flower
4. parts of flower attached here
7. deals in seed development
9. contains male reproductive organs

THE HEART

Across

3. vena cava that returns deoxygenated blood back to heart from lower parts of the body
5. lower right chamber of the heart (2-words)
6. artery carrying blood from heart to all parts of the body except lungs
7. vena cava that returns blood to heart from upper parts of body
8. type of muscle comprising the heart
9. name of valve between upper and lower left chambers of the heart
13. lower left chamber of the heart (2-words)
14. sometimes implanted to control heart beat rate

Down

1. upper right chamber of the heart (2-words)
2. name of fluid-filled cavity surrounding the heart
4. known as an EKG or ECG
10. artery leading from heart to lungs
11. name of valve between upper and lower right chambers of the heart
12. upper left chamber of the heart (2-words)

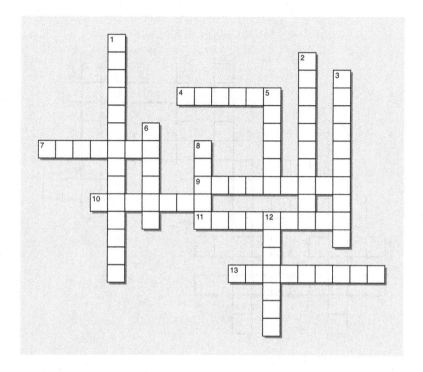

THE LEAF

Across

4. located in vascular bundle
7. leaf openings that allow for gas exchange
9. flat surface on the leaf (2-words)
10. waxy coating on epidermis
11. comprised of cells that carry out photosynthesis
13. tissue outer layer

Down

1. contains xylem and phloem (2-words)
2. term for the arrangement of leaves on plant stem
3. cells that open and close stomata (2-words)
5. main leaf vein from which others branch
6. edge of leaf
8. located in vascular bundle
12. attaches leaf to the plant

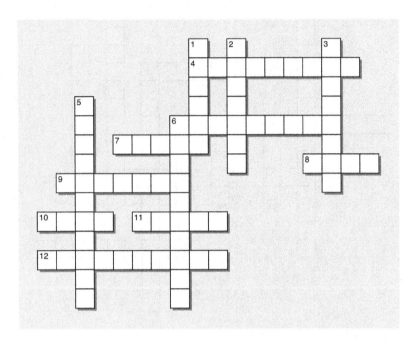

TREES

Across

4. gives strength to tree
6. type of tree that loses it leaves seasonally
7. carries water from roots to all parts of the plant
8. location where photosynthesis takes place
9. location of and another name for xylem
10. outer layer of the trunk
11. consists of the leaves and branches
12. type of trees that bear cones

Down

1. carries sugar to all parts of the plants
2. growing part of the trunk
3. person who manages forests
5. counted to determine age (2-words)
6. study of trees

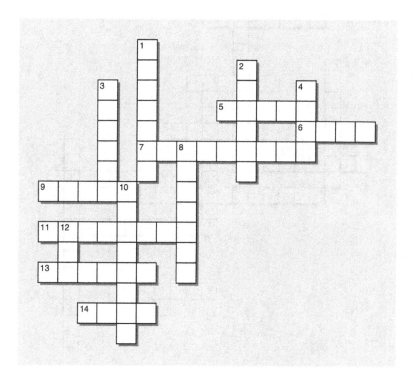

VOLCANOES

Across

5. molten and semi-molten rock located beneath earth's surface
6. opening through which volcanic material is emitted
7. country with most active volcanoes
9. side of a volcano
11. located in Hawaii, one of the largest volcanoes (2-words)
13. volcanoes entrance
14. lava streaming out of a volcano

Down

1. Famous ancient Roman town destroyed by eruption of Mount Vesuvius
2. at top of volcano surrounding the vent
3. volcanoes are named after this Roman god of fire
4. the molten rock erupted from a volcano
8. term for inactive volcano
10. located in Indonesia, produced one of the world's most deadly eruption in 1883
12. small particle composed of rock dust thrown off during an eruption

WEATHER

Across

1. caused by emissions of nitrogen oxide and sulfur dioxide into atmosphere (2-words)
4. a line on weather map denoting equal barometric pressure
7. a band of very strong air current many miles above earth's surface (2-words)
9. instrument used to measure atmospheric pressure
10. amount of water vapor in the air
11. cloud type associated with thunderstorms
12. instrument used to measure humidity
13. potentially destructive column of rotating wind

Down

2. instrument used to measure air speed
3. winter storm with gusts of winds of 35 miles per hour
5. a very cold area of high pressure developing over the Arctic ocean (2-words)
6. fair weather clouds
8. one who studies the weather
10. tropical cyclone with sustained winds over 74 miles per hour

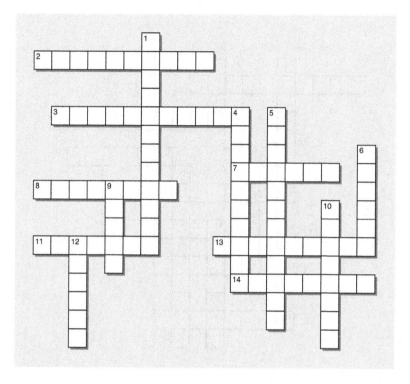

DISEASES AND CONDITIONS

Across

2. if you have had this disease, you carry the virus for shingles
3. a faster than normal heartbeat while at rest
7. organ bulging through abdominal wall
8. cancer of the blood cells
11. known for the skin rash
13. inflammation of the cornea
14. very painful rash and blisters

Down

1. Inflammation of the inner lining of the heart
4. memory destroying progressive disease
5. irregular heartbeat
6. inflammation of intestinal tract
9. formerly called hemorrhagic fever
10. caused by a toxin from a clostridium bacterium
12. possibly caused by brain abnormalities of structure or function

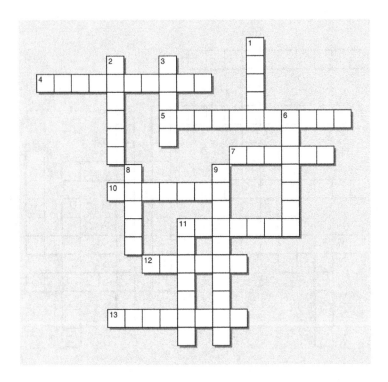

FAMOUS SCIENTISTS

Across

4. quantum mechanics scientist who develop the uncertainly principal
5. first to observe microorganisms
7. put forth the theory of evolution
10. Italian who made major improvements to the telescope
12. broke German code during second world war
13. devised system used to classify lifeforms

Down

1. discovered cells
2. father of genetics
3. major developer of alternating current
6. best known for his research regarding black holes
8. american astronomer who research extraterrestrial life
9. placed the sun rather than the earth at center of solar system
11. contributed to the field of electromagnetism

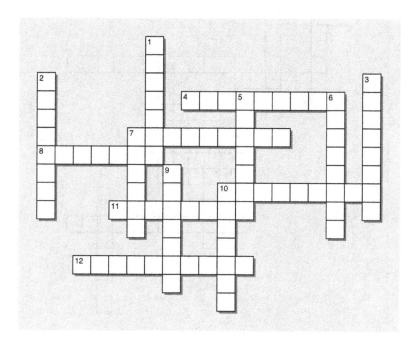

GLANDS OF THE BODY

Across

4. type of gland that secretes directly into circulatory system
7. located in center of skull
8. controls energy production from nutrients
10. located in eyelids
11. insulin producer
12. one of salivary glands

Down

1. one of salivary glands
2. found in males only
3. armpit sweat
5. important in female reproductive system
6. type of gland that secretes via a duct
7. produces melatonin
9. major sweat glands of body
10. produces milk to feed offspring

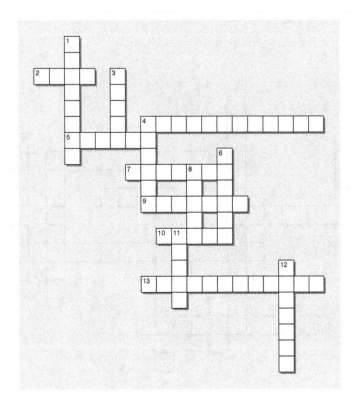

PLANETS

Across

2. phobos is one of its moons
4. venus' clouds of this allow it to reflect the light of the sun very brightly (2-words)
5. one of Jupiter's 4 large moons
7. has great red spot
9. has 6 rings
10. spins backwards
13. located between the orbits Jupiter and Mars (2-words)

Down

1. discovered Uranus
3. now called a dwarf planet
4. has at least 53 known moons
8. largest of Saturn's moons
11. seventy percent is ocean
12. smallest planet in solar system

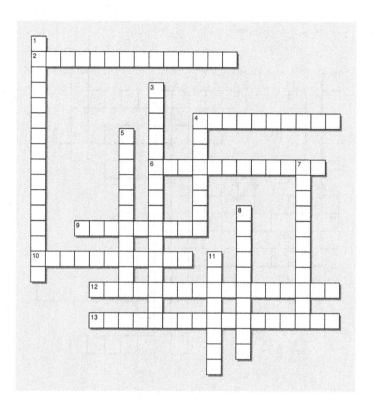

HEALTH CAREERS

Across

2. patterns and spread of disease
4. dispense prescription medicines
6. some types help people in their everyday lives regarding medical and emotion issues (2-words)
9. of and related to the eyes
10. deals with disease and injury using imaging techniques
12. help patients manage pain and regain body movements (2-words)
13. advanced practice registered nurse (2-words)

Down

1. manages doctor patient flows and keep records (2-words)
3. related to medical knowledge and law (2-words)
4. disorder of the foot
5. treatment of disease in older adult
7. skin specialist
8. often the first one to arrive at the scene of an accident
11. qualified to make eyeglasses and contact lens according to prescription

ENGINEERING CAREERS

Across

4. might supervise hospital medical equipment and use
6. design system that might be used in aeronautics or manufacturing
7. designs and creates devices that do tasks that humans might not be able to do
8. design ground-based vehicles
12. applies engineering principals to building design
13. facilities progress of a concept to a working model
14. design subways, highways, airports

Down

1. might supervise reactor system operation
2. could be involved in reducing costs of and increasing efficiency in manufacturing
3. deals with agribusiness industries
5. design electronic devices using extremely small components
8. develop computer software systems
9. develop diagnostic devices such as MRI's
11. design airplanes and satellites

THE MOON

Across

5. following the third quarter this phase occurs until the moon is totally dark (2-words)
6. eclipse when moon gets between the earth and the sun
7. phase when the moon is more than half full
8. first space mission to land men on the moon
9. career named after a Danish astronomer
11. first person to step on the surface of the moon
13. second full moon in a month

Down

1. crater named after famous Polish astronomer
2. referring to the moon
2. division between the illuminated and dark area of the moon
4. responsible for some of the moon's craters
5. illuminated surface of the moon is increasing but less than half (2-words)
10. full moon nearest to the fall equinox
12. term for the moon's plains

BLOOD

Across

2. clumping of red blood cells
4. liquid component of blood
7. white blood cells that serve as a marker of allergies
9. produce red blood cells (2-words)
11. deal with clotting of the blood
12. red blood cells
14. white blood cells that are first line of defense against infection

Down

1. discoverer of blood types
3. blood type considered universal receiver
5. white blood cells that create antibodies
6. function of red blood cells (2-words)
8. white blood cells that fight bacteria
10. white blood cells
13. blood plasma without clotting factors

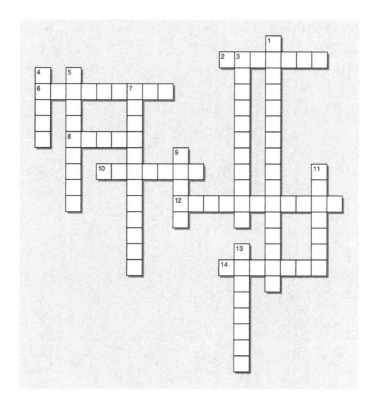

ECOLOGY

Across

2. tropical or subtropical grassland with trees
6. organisms and their environment
8. slow movement of soil down a slope
10. non-living parts of environment
12. water component of the earth
14. organisms living on floor of ocean

Down

1. for a species, the maximum population an ecosystem can support (2-words)
3. adapting to new environmental conditions
4. extreme dry
5. what web of life is known as (2-words)
7. position of organism in food chain (2-words)
9. an organism's role in an ecosystem
11. oxygen requiring
13. organic matter decomposing

WORD SEARCH PUZZLES

Given words are located in the grid, horizontally, vertically, diagonally, never backwards. Sometimes a letter is shared between two words.

```
K  H  K  K  I  C  O  P  X  X  F  L  I  C  A  M  F  T  U  R
W  B  Q  T  H  H  H  S  A  O  K  N  Z  D  Z  A  E  M  H  I
B  Z  W  Z  O  S  J  J  P  T  Q  U  K  Z  F  N  N  G  L  B
W  T  I  B  I  A  I  Z  Q  I  E  Q  H  B  R  D  I  M  W  S
O  H  Q  J  H  U  F  D  M  B  L  L  L  P  O  I  K  W  W  B
B  N  U  Q  J  D  D  Y  Y  J  F  A  L  P  N  B  V  G  Y  M
S  Q  G  M  B  E  I  J  W  V  G  M  U  A  T  L  Z  J  A  Z
W  C  P  K  E  K  J  L  D  D  S  Y  B  H  A  E  H  K  U  Z
G  J  O  W  A  R  E  K  X  U  I  P  K  R  L  A  H  L  U  R
M  H  F  W  G  B  U  W  P  M  O  K  A  V  J  K  B  E  Y  C
K  P  R  F  E  L  R  S  S  O  M  Z  M  O  T  S  Z  B  X  T
U  B  R  P  F  D  H  J  C  K  O  S  L  H  D  S  N  R  B  A
H  Y  V  S  I  B  Z  O  U  N  H  R  M  I  B  T  S  R  P  R
H  J  S  Y  C  B  I  I  R  A  D  I  U  S  J  R  B  P  C  S
S  T  E  R  N  U  M  A  F  K  J  U  L  B  A  V  R  Z  Z  A
Q  P  J  B  M  S  K  J  D  G  W  O  V  U  Q  K  L  L  F  L
E  N  A  B  G  I  P  R  H  M  F  V  I  M  G  W  J  R  R  Z
A  E  U  V  E  R  T  E  B  R  A  F  I  B  U  L  A  N  G  N
N  I  P  H  A  L  A  N  G  E  Y  O  T  S  N  X  Y  O  V  P
G  F  R  R  I  R  O  I  L  Y  W  Z  P  A  R  G  L  W  Z  Z
```

BONES OF THE BODY

FIBULA	FRONTAL	HUMERUS
MANDIBLE	PATELLA	PHALANGE
RADIUS	RIBS	STERNUM
TARSAL	TIBIA	VERTEBRA

```
C L W C F G Z C Z J N F M E C H W H M N
V Y X O A F B F T K U J M D H N A N I U
S V T L X P S K W K C U P M A R R B T C
Q B B O P V E S I C L E S L N C I M O L
B V E T S D S X P X E T M H N O B O C E
K K W E X K B G P U U C C B E P O Z H O
I S I A I B E S P L S F I G L D S L O L
O M U X L J C L V Y D Q J N S F O X N U
Q U I K G Y M Z E W E R C Q F N M D D S
D L L R P J Q X W T O V Z W W X E V R T
L E S S C R W J P L O D I N N W S B I R
Y X U P F Y N U L W V N X A Z X R L A S
S H Q C P G T C H L O R O P L A S T S A
O N H E V M L O R U Z B S R X F H V U Z
S O O I S K Z Q P S B J A W P T X V T S
O H Z Z S Y L S Y L Y F M W G L H I W D
M L Y U K F Q N E F A R G S J O Y S F J
E D E C O E J H Y M U S T J V Y X Z M N
S V A C U O L E S W C X M K K F W K E O
N R T O H C E N T R I O L E S J O I W T
```

CELL PARTS

CENTRIOLES	CHANNELS	CHLOROPLASTS
CYTOPLASM	CYTOSKELETON	LYSOSOMES
MITOCHONDRIA	NUCLEOLUS	NUCLEUS
RIBOSOMES	VACUOLES	VESICLES

```
T H G R G X I T F J E B N Q R Y P B F I
Q G Z T Q Y C A L C I U M V I O O P C R
N C R I B D Z H W N E O N M W Q V P N O
P G K R N W U X C K R K P I H T A Q P N
O Q Q C L C B Q B I M V L O P B L M D R
T C Z Z K R T H O N A B C Q G M E Z L H
A K G J U V S C Q U U T T D R D A A W Z
S M K I Q V B T R Y Q S M R S J D L T P
S W F N Q F I K R H Y X Z U A O C V V X
I W W W G B T Y Z O F Q Q F R G U O A N
U Z G Z H V O A Q O N M K K L O V C G I
M M X W H M Y H A T P T X F T N D A R T
I C W C D D P U G S N U I S Q S P R B R
H V Q J E E M I K G O Q H U T M C B A O
C I C N V G C P V K D O I K M W G O G G
F L F M E R C U R Y F P G Q R H Y N J E
J F Y U C N A N U M K M K I C J W P T N
P T I X P U M W N Q Q Y W W G I W B I S
U V P F L N Y K N I C K E L Q T Y G Y H
R U P H O S P H O R U S E W R Y E F A Y
```

ELEMENTS

CALCIUM	CARBON	IRON
LEAD	MERCURY	NEON
NICKEL	NITROGEN	PHOSPHORUS
POTASSIUM	STRONTIUM	ZINC

```
M  A  Y  R  O  I  E  J  F  X  E  N  X  B  U  G  D  V  L  X
N  J  M  A  T  M  U  M  E  R  C  U  R  Y  Y  F  O  W  N  H
F  X  K  K  S  W  A  T  H  J  R  Z  W  F  W  M  L  B  W  K
S  H  V  C  K  F  J  R  Y  T  T  U  F  Z  L  E  W  R  L  H
N  X  A  N  K  H  P  Z  S  D  Y  T  C  W  C  X  Y  D  H  S
Q  G  T  E  Y  T  O  X  E  R  I  X  O  R  X  S  G  S  U  H
K  N  N  P  B  X  J  V  Q  J  D  B  N  I  V  D  U  R  R  P
F  E  S  T  V  R  T  R  D  I  O  P  K  D  M  Z  O  O  A  G
U  S  H  U  B  C  I  L  S  M  I  C  K  C  L  T  E  Y  N  J
E  Y  U  N  I  G  Q  X  R  M  T  F  D  J  U  V  G  G  U  U
T  L  V  E  S  G  T  Q  V  M  H  Q  Y  F  Q  I  R  J  S  P
T  L  U  B  T  B  N  G  W  L  X  K  X  P  O  Z  I  T  T  I
Y  E  E  T  F  F  M  A  F  D  S  B  I  N  Y  S  Q  Y  J  T
F  E  A  I  T  Y  E  M  X  Z  Y  A  I  W  I  O  T  A  T  E
B  O  W  Y  C  Y  Y  S  G  U  B  Y  S  D  P  Q  Y  W  S  R
P  C  Q  X  Q  I  T  H  F  B  I  I  T  C  R  L  W  M  X  Q
B  T  E  H  N  U  R  X  L  D  M  M  G  C  V  H  U  N  D  Z
E  T  J  Y  L  E  D  I  Z  U  D  O  U  G  O  I  U  T  M  G
D  V  E  N  U  S  M  T  F  B  N  G  M  R  H  P  X  T  O  W
Y  J  Y  S  A  T  U  R  N  F  N  E  A  R  T  H  Q  Y  O  F
```

PLANETS

EARTH	JUPITER	MARS
MERCURY	NEPTUNE	PLUTO
SATURN	URANUS	VENUS

```
J X B L S U B C L A V I A N T L Q J S C
C U S E F M O F J B D W B U G Q R R J Q
B R A C H I A L C X H R C A B P Y S P T
P W Y U W T B D T K N U H B J B T O Q S
C R A O D T W N W O G Q R D N I J A R F
F F Y X O A X I L L A T G O L V T H E W
S O E Q J V L Y Z V A X A M C F H A N I
O V R M W A W S L P P Q S I Z T O T A Q
Z J I L O Z W T W I T D R N A X R L L N
V I X T F R H W P C P P T A V R A A S Q
W H S F K Q A O Y K A V H L O K C N D L
I I B U O Y S L A P T R I H X Q I V G C
T Q R Z X N J E B A X D O B C S C N Y V
R C G G B J D E C E K E X T V T Z M J R
C C V J P C N B C X U L J G I W J N V A
O Z K A O R T A T F Y T J H K D J Z N D
S Q H E P A T I C Z D P I E I N E M Z I
H Q X L Y F N E Q Q J Q T H N F V J M A
C N X B J D B A Q D Q L W Y T Y A N B L
H H Y P O G A S T R I C Q D Y M S X T H
```

BLOOD VESSELS

ABDOMINAL	AORTA	AXILLA
BRACHIAL	CAROTID	FEMORAL
HEPATIC	HYPOGASTRIC	RADIAL
RENAL	SUBCLAVIAN	THORACIC

```
B O P S H F Q G U F E L F B Y T T N F W
N Y J K E I B U Y Y O D F I H O C G N K
W E H B I R L N O W C M B N M N K F K Z
S G G D L D E V X W E T O W C S L F I L
D I B L K T N Y G K A Q D U Q I Y G N A
Z I B R A I N E E F V A Q J E L W K H F
G B X H Y Z W C Y S P B X C Z S H L D G
E V Y B J U N R L S I K I E X X Z F Q H
E A W X W N Y Y H Z W M L T V M K P H L
T Q R F C W S I B Y K F O F R A D A L J
H X X S Y Y V Q G K Y L N I Q L H N O R
L A Q A F T X S H V Y O Y O P N N C S G
E Y P·W E O K G P U E Y M X T C D R T K
M S K D O V L Q X L P M Q S V C N E O X
D B J S K I N Y J P E K H D A G M A M T
Y I G L P T U X P R H E M O K C I S A Q
J B B F Z M C S S C J E N F K G D A C L
A T K H T C L W S J O B S V G A E I H L
I X I N T E S T I N E S O D L N H F X T
K R O E H E A R T D O N G L I V E R A K
```

BODY ORGANS

BRAIN	EARS	EYES
HEART	INTESTINES	KIDNEY
LIVER	PANCREAS	SKIN
SPLEEN	STOMACH	TONSILS

```
U A R C J G J D Q L S H T H H U G P J B
M K E J K W C I W H A H O E W R E N P W
N E V Q G S Z B K H P W R S G U S R P O
J R D H H Y K E K C S A F T O J N D R O
H O P I W A Z M F Y I T O P T I E H K D
A T C A R D I N A L D W A K Y E X K S P
W E P W S L B Y H G V E I R L T N Q Y E
K X R U E Z R J Y C V O S V L C D U I C
B C U O D G D Q T N R S M F G I O Z E K
I G G E B H Y X H N U O D P W X N B A E
U W E U V I V I S M X T W M V Q K G X R
F I N C H E N A U E X D N K K N O F F R
V Z H E Y R X R E S G U B K D H W T T E
U A M W D E P O P P K Y E O N I B I X V
L P D X E D B T I A G Z E K J K B X A T
T J Y J V Z S S U R X U Y K R U Z T I G
U X R S F E B F H R A R E V P T N L A O
R O R I O L I F V O K E L R U L D C I C
E N Z I C P X D U W G I W X A O W L O F
U O A O Z Y V F N K G F C P Q N F N L D
```

KINDS OF BIRDS

CARDINAL	CROW	FINCH
HAWK	JUNCO	ORIOL
STARLING	ROBIN	SPARROW
WREN	VULTURE	WOODPECKER

```
X A Y R U O R M N K D X Z L D D O O P L
Q V I R G O A S Z Z K E D M E R G R I F
W A Y M G O S Y Q A Q R W K A O A C I Y
U E X Q Y C E P H E U S H H M G C C A M
I L S T F P A R V E T I Z A K Y C L O G
O H S W U A P D B L Y Z S N F Y A F P M
R V M L Q B Q T B R Z I T D A P P F V N
Q P U F I K L U S S B P V R R U R F N Q
T R P T W Z G Q A S U A P O R L I Z I K
S Q Q O J T I J N R O D U M W O C S Q R
C A S S I O P E I A I G T E R Y O L F J
N L W X Y H U E H N M U M D X R R F W N
P D G E M I N I E A X P S A T V N V S I
D N O P C Y D P F A R H H X E V N M L M
V C N W J B G I M G L I X D O Y L X Y L
M U H P G Y Y L G N J G E H P I F G T I
C S E Y J Z J R P G V H Q S D O L J D B
I J M U G I D Y K B Y C W Y F S B Y K R
Z R S A G I T T A R I U S O R U E S G A
Y K P P S I J L C N H E R C U L E S C I
```

CONSTELLATIONS

ANDROMEDA	AQUARIUS	ARIES
CAPRICORN	CASSIOPEIA	CEPHEUS
DRACO	GEMINI	HERCULES
LEO	LIBRA	SAGITTARIUS
VIRGO		

```
X L C T C H W Q N I V P Y A X Y H P Q V
R A S Y E Q W B N M K A X V S Y F N Y K
O B H G T X B Q K L D S D L T N H R O A
S A Q I N U B Z K Q W T P J R A A D T Q
E J U X B N L X Y R M E U J T R T K E Y
G F O U K I Q I C F E R X Z S C R S R P
G K J X D E S A P R W Y B Q Z I D N H F
K X U A F O M C K V O P F F L S Z B Y B
Y S M O H I A J U X P N A K J S Y U Z O
P L O B R N H C M S G M Q N G U I T V O
I E K F H O V B Z E Y M Q V S S R T S U
L L T T Y O N Q H S W D I M Y Y D E A E
U Y R U E N R P B P Z A O E S C T R Y M
B Z K A N H A B M U S F F Q V X B C N N
C A I A R I L C D Z H Q C G I N T U Z O
F A Z U B Z A G E R A N I U M D G P I K
E X I G L I L Y I C F K E V L A V P R N
I K Z I K O P N N C J Q V N N O Q H I D
C W H X M U Q U Y A S A W U M V R I S X
I W Z V N C A R N A T I O N U G Y R Z M
```

FLOWERS

ASTER	BUTTERCUP	CARNATION
GERANIUM	HIBISCUS	IRIS
LILY	NARCISSUS	PANSY
PETUNIA	ROSE	TULIP

```
C H C R P Y M S A C A R I A X Q A V Y L
J L H C H W B G D E A V O R F M O Y P V
J J A A C A B Z E K R I P I M P Z Q B R
G X U N I L Q N X D Z R C E W D Y V Z C
A K H C H D V N N A L G N S Q Y R H P Z
V Q F E Z T V Z H R J O N O N A L M R Y
G U U R Y L J C V G W R A Q R Y K F V X
A G V A K K G Z E P G F X W N L H T P D
E H U S R Q B D D V Y Z H A P O S D I H
K P M T A I E Q H B Z F V M Z U A M S H
P T G I T F U S I W R L V C Q E I Z C N
V N A C F O G S Y Z O E T F L F G Q E R
S X E U N R W Q E Y F O K Z O B E T S C
S I T W R Y X Q Y B O V P J S I M S R N
G S B C T U O A W V A R V I G N I I I M
H U L E E I S R W V M D L G E U N G M H
F C A P R I C O R N H X D C I W I F V M
B E S A G I T T A R I U S L I B R A I O
H X A R O E W J B A Y F R X L P E C H D
I V J H Z I A S C O R P I O P B X E X P
```

ZODIAC

AQUARIUS	ARIES	CANCER
CAPRICORN	GEMINI	LEO
LIBRA	PISCES	SAGITTARIUS
SCORPIO	TAURUS	VIRGO

```
Q P D O H J M A C G H A N G X L B V N C
P N Y G I H H Q P E C D L P E K J J L F
C H U D C U E H U G I E R V U N O Y C Y
U Y O C G Y U E R H E N J Y L M E F L D
X X V S L V B K I X P I T L Z D V S G E
N P P A P E U X N A J N H C V N T A O O
X T H Q T H O G E D F E Y L W N B C B X
B Y L F K W A S G I K Q M H W D I U L Y
V N P F L A J T I K N T I E F F C L P R
H Q I Y M S T O E D U L N C U V Y A Y I
F H Q B R M J Z Z I E M E S U Z T B Z B
S O M Q J I Y W U N J Z U W E T O V J O
R X G W P V M N E R Q I C D B F S K T S
S E A Z P P Z I Z B F R H K J W I R P E
U F M I B Q G Z D Z T N F L T X N Q P B
M C S I U E W Q I I G U A N I N E P L I
Q G H C B T M Z W N N Y Q Q C O D O N E
N J Q F Z X P S B O A E J W D C A D M V
P W D A G K P B K J G S T U T L M A A C
W B C S U G A R L H V C C E G X W P T J
```

DNA Terms

ADENINE	CODON	CYTOSINE
DEOXYRIBOSE	GENES	GUANINE
NUCLEOSIDE	PHOSPHATE	PURINE
PYRIMIDINE	SUGAR	THYMINE

```
F F R O N D J Z C A L Z L P E X H G C D
X V C F S J V H Y M R E P Z D K B W P L
P Z U Z B W I O Q H C I U P R I J C R K
Y I O Q G Z Y P N K Z G C I W U W B O W
K R N O K V W O Y S W N W Z O H I A T I
U Z I N A P N C Q K F Y B D B V V S H L
B C R X A A J W V X D U P I F X G R A S
L B L J F R V F C J W Y E N I Y J M L W
H W X F F T T B K E J C D P O J J S L J
Z Q V B S P O R A N G I A U J I M S U D
M L Z H B E V K K Y H D K I E V Y R S U
N D I Y Y Q B H W D Y W D P S U C K H B
H L Z J I I W R F Z D R U R S W R I G L
S R P X I P Q K M R U G Y P O M H J I A
A O F I D D L E H E A D W T S U I T J D
K H R M A L D M M T M M S U L B Z E J E
R X P U G Y P F R D K J Y R G D O P C J
J C W L S S J Y G O M Y V S Q S M Q R I
N F M K L P E T I O L E R Z R W E V K R
H M J K L W G B N U G G G C C K A B L U
```

FERNS

BLADE	FIDDLEHEAD	FROND
PETIOLE	PINNA	PROTHALLUS
RHIZOME	SORUS	SPORANGIA

```
R  S  O  T  Z  R  S  J  V  X  N  L  E  L  A  M  B  E  R  T
R  G  T  H  W  T  Z  W  B  Q  L  V  A  Q  S  T  B  M  Q  U
H  U  Q  E  S  S  F  Z  O  L  O  L  G  C  D  J  O  H  G  R
C  F  B  X  F  V  X  C  B  B  V  R  A  R  T  S  X  M  S  Q
M  V  E  Y  T  P  A  E  S  Y  A  I  T  N  K  C  Z  U  D  U
U  U  C  Y  L  W  J  M  I  V  K  R  E  P  X  E  D  B  R  O
K  K  U  K  B  V  H  E  D  O  G  Q  L  Z  B  C  K  Y  M  I
G  I  P  Z  R  P  O  R  I  U  U  C  U  G  X  X  D  K  A  S
C  X  U  X  M  F  M  A  A  F  J  U  H  A  S  E  T  U  L  E
P  X  U  D  C  J  N  L  N  D  M  I  E  L  R  Y  V  T  A  V
Z  K  S  G  U  H  C  D  S  N  X  R  O  W  O  T  J  P  C  B
N  N  R  H  C  F  X  F  Y  T  M  L  Y  X  P  U  Z  D  H  Y
T  S  R  H  H  L  X  G  C  V  Q  G  I  F  A  F  I  W  I  T
S  E  G  Z  P  U  A  J  I  X  P  K  O  S  L  T  N  J  T  J
B  J  X  P  E  M  S  W  Q  V  R  B  N  Y  Q  J  Y  J  E  S
T  O  P  A  Z  Q  H  C  X  Q  U  B  Y  J  W  N  O  B  N  P
V  E  S  Z  T  O  C  B  E  F  I  L  X  N  M  E  U  Y  F  V
A  M  E  T  H  Y  S  T  R  Y  J  O  E  M  M  A  Z  B  G  B
Y  R  Z  S  E  R  P  E  N  T  I  N  E  H  E  A  K  Q  L  B
M  P  G  G  S  A  P  P  H  I  R  E  S  O  O  O  S  F  S  Y
```

GEMSTONES

AGATE	AMBER	AMETHYST
EMERALD	MALACHITE	OBSIDIAN
ONYX	OPAL	QUARTZ
RUBY	SAPPHIRE	SERPENTINE
TOPAZ	TURQUOISE	

```
C I E M O L Y B D E N I T E Q M N T C Q
U D G K Q R W S M Y N R Q C M K W X H V
G S J C G A E E P B I P B I V N H G R Q
O F W K Z Z Y A K L P U T N S P J D O V
L F A P O D X N L F K V Q N W X E M M X
D Y V V J V W F M G F H J A E V I Z I F
T J O K K U A Y X A A D D B I G A V T P
N R H O D O N I T E D R W A R A G J E X
N F W P F N H Z J T Z L I R S L U Z P A
S C W V V I Y O R I Z S S X H E F H G E
U N J D B U N F G A G Y J F C N C U O L
L K I C O P P E R G E W M M M A D U Z S
Z A M G P S W K N R G L J Z O R Q J O I
Z N N E W N N X N Q U A O D F I K O W L
H Q R F A Y S Y T O N V H B N H V D P V
G N R I M L C C K C B J U D C P N A I E
U D F M Y Q V X M A N G A N I T E J A R
L V T E G J W K Z Q K F V S N U M G Q Y
D M H W Y K S B H I R O N N W Y G G B A
C U L Y I S B A R I T E X V V I E I C T
```

METAL ORES

BARITE	CHROMITE	CINNABAR
COPPER	GALENA	GOLD
IRON	MANGANITE	MOLYBDENITE
REALGAR	RHODONITE	SILVER

```
W E W T S W I H S A E A T R P D K X S D
W D S I N X W V R F P T Y B H C R U E K
I V A M K A J Z C C Z I P I A A I P O G
S Z A B W T S G G U P B Y K L L B T L W
Q T Q O W I M A C B P I C V A C S E O M
G V E K J R P B L O O A T T N A F X Y K
S W E R D I V L W I R Y C P G N G V E U
Q P J E N Y I X N D H Q R J E E I Q F K
O A H Y M U J T E V Z W A Z S U M D T W
U V C E I F M E A E O R N S L S D X Q G
B A U M N J K U A Y P I I Y N Y W C S W
Z A P N W O W B U Q K H U Y D X C R R M
H N I T R K I B J G D L M T T R L D K M
A R K E G W X D K E M K U T R B U R Z T
U D Z G U K M B N S C N F Y P L N K P J
V V B P F G Z T P C R Z U M Y C A U O I
C L A V I C L E D B A X A J W T T I Q S
V Y U E Q T E M P O R A L Q S V E H E U
H C Y N U F Q P A D N Y R S O X G K I P
I N C U S J N A S D V E R T E B R A E U
```

HUMAN BONES

CALCANEUS	CLAVICLE	CRANIUM
CUBOID	INCUS	LUNATE
NASAL	PHALANGES	RIBS
SPHENOID	STERNUM	TEMPORAL
TIBIA	VERTEBRAE	

```
M X I H S Q E T R V Z T R P L U G S H Y
R J J L T U I G W P O R N W L N V A G T
E P I S T O N R A N Z D B U W Q A G T P
G J V T R A P W M D L O D G K S L Q R C
U V Y D X U B C C O B Y H U E Q V H A Y
L J J Z O R V P L Y F Y M O G R E Z L L
A Q I V X J U H P C R F A V S C S I F I
T Z H V W P Z Q M C H K X S C E H O O N
O S X Z N U M L D R S Y H V P C S K F D
R E G A S K E T S G P E Q L Y G K K S E
U R H F T J H D D W A C B C F I X G U R
S R U O O O X B Z K E T C D V L Z O M S
S V J F B L Z X N W G W K S I B N U P T
B Z U N I K S Z O E E C A M S H A F T S
D F Z T M C R A N K S H A F T C L H R M
X F Z L C S T Y N D R R F J F L J Q X U
K B E A R I N G S W J Z S P K O R M Z X
V O K J E I U B Z A C S F I B A D X B Z
W S L D L B I D I S T R I B U T O R V F
B L A L T E R N A T O R Z G K B Y S O F
```

CAR PARTS

ALTERNATOR	BEARINGS	CAMSHAFT
CRANKSHAFT	CYLINDERS	DISTRIBUTOR
GASKETS	HOSES	PISTON
PLUGS	REGULATOR	SUMP
VALVES		

```
V G Z Y S Z A F N X M X P M V O J H H S
G O G F P L A M M E T E R Y M V E D M J
J S L H R T Z D J G N D U H P Z Z G E U
A D S T E E Q F Z T S M Q G Y J I Q Y K
M Z T Y A Y S U C Q G R D L Y N R Y N W
P A U J P G Z I K A D O V H F G G J P Z
E C L Y N B E R S C J B P O V R E I D V
R I J X U W X A S T Q L W F I O R K I I
E G S L T Q O M L Y O W C T X U H C O U
W D C A O J E R W T Q R O O M N W P D R
C I R C U I T W C A E J Q P L D W K E H
I G E X U E M E J E G R O Y O Z C D S E
J O X C E S C L S Y S O N W V K U P U O
C P E N L L K R A P Z I J A A N A J C S
W T T N U V B O C Q J T V Y T T V V F T
E Q Z R K V A Y S V O W Z F G O T O A A
O C O N D U C T O R W L J F B O R M Q T
S H K F W A J B C U R R E N T N I F M Z
Q P M K E S R K P X F S K G D E V E I K
V C A P A C I T O R F U W M A F D U A D
```

ELECTRICITY TERMS

ALTERNATOR	AMMETER	AMPERE
CAPACITOR	CIRCUIT	CONDUCTOR
CURRENT	DIODE	GROUND
OHM	RESISTOR	RHEOSTAT
VOLTAGE	WATT	

```
C Y H H I Q W I L D E B E E S T U R Y I
T Q R Y I Y A Q V V R P M S J W J K M M
G W V B W P Z G S K F D R S W N T A Q C
D F I X M O P V E Q U L L H J N E Z Z G
T F Y M X P S O Y M V O G A T E L R R U
B X A I Y C L P P K T I A V N I E V W C
B T F R C F F W D O D L I E P U P Y H R
O W H N I F R W K G T T J V B D H Q Y O
X C H E E T A H B X Q A H J C V A M E C
Z X D Q K B I V A B N T M T H Z N A N O
H L F T K O X B P I J Z F U V G T D A D
A E L D D H G E R R L P L D S N T Q V I
B O K Y E M U E P A V M M P T Y T Y U L
H P M E Z I W H J L P D V O C K J B D E
Z A U R Z I P E M I L O N Y X W V A X K
E R D V E R H I N O N V F K X Z L W L U
B D O I N H M O B N M X O O E Q K Z Y P
R E E T O S Q F X E T U G C A M E L N R
A U T C Y V A B J M D V T G B A W N D I
N G O R I L L A H I S B G I R A F F E I
```

ANIMALS OF AFRICA

CAMEL	CHEETAH	CROCODILE
ELEPHANT	GIRAFFE	GORILLA
HIPPOPOTAMUS	HYENA	LEOPARD
LION	ONYX	RHINO
WILDEBEEST	ZEBRA	

```
S L O S R R L Y V G E O T H E R M A L Y
T R W Z F R A G M E N T A T I O N Z S A
E G W V O P D E X D K T Q Z H D O O E U
Y U G D I N T D N R E V O M L U R O F T
N C Y H R G E U W U S T C C W L U P F O
M O R R I V C P M X B U R I P L M L S T
D Y X F A U N A N U X G Y I A R V A F R
U B Y J I K V T J S M A I G T Y A N L O
H E W C O M M E N S A L I S M U P K V P
J N O G E W M I O K J Y Y J Y U S T V H
U T D L S D U U J M N J I U J E K O E U
O H N Y I T T G A V U X N S V S T N C Y
L I I O U U G R B N C Z F D D R F L T S
X C D B A B I O T I C X S F N X S D O Z
W V Y A L H Q X H G N U J A L K M L R P
V H X B J G Q S W R U L S C M O D U U V
G Y B J O H N Q X X Z P Z O A H R B E C
S A O N N D E F L A T I O N G W W A V O
S U P E R C E L L O S U W C H A J X U A
M H R E L E P N S U S T U L A R V A L O
```

ECOLOGY TERMS

ABIOTIC	AUTOTROPH	BENTHIC
COMMENSALISM	DEFLATION	DETRITUS
FAUNA	FLORA	FRAGMENTATION
GEOTHERMAL	LARVA	OZONE
SUPERCELL	VECTOR	ZOOPLANKTON

```
A M A Z O N R I V E R N Q C R B P L Y O
X J R R Q G V W U L M D Y I H R A R E D
F L H C A V U F S J V N T A I C C Z L M
H U D S O N B A Y D K A W L N O I I L U
K H Q R V L L I E S T T X L E N F B O K
H M N Y W P O C D J H H O W R G I A W Y
O D A N U B E R I V E R Z X I O C Y S V
A Y Y S X F X H A X L M P O V R O S T O
X R M P D R T K L D V E P C E I C A O N
G J L Z F W R B A Z O D S Z R V E L N O
G Y P I B B H Z K G U R Y R D E A T E R
Q W F T L X A K E S I N I K Z R N L R T
B Y J V J V G A E N Z Y T V L F M A I H
I X Y K K F G O R K V E Y M E E I K V S
Y Q C Z S P E Z I G C O D O R R G E E E
D V Z C A Z E V E A V I N D P K S D R A
Z G U L F O F C A L I F O R N I A R S I
Y I X V W U E U A R C T I C O C E A N P
W D O T M O B I L E B A Y R L D O G W M
X B E R I N G S T R A I T R O M E D T Z
```

BODIES OF WATER

AMAZONRIVER	ARTICOCEAN	BERINGSTRAIT
COLORADORIVER	CONGORIVER	DANUBERIVER
GULFOFCALIFORNIA	HUDSONBAY	LAKEERIE
MOBILEBAY	NORTHSEA	PACIFICOCEAN
RHINERIVER	SALTLAKE	YELLOWSTONERIVER

```
R W Y N D X F K E O S E V S X C M N H P
P O X H M B L I T W Q G Q L X Z H S W P
F R G I W Y Q B L R R H P M K N C M B Q
G L P L A Y K V O E D X B G K H T A O S
X D B E F D E K L L S O V Z M G T L O O
B W Z M K K U S F K V Z W C A J P W K C
R I D G B O U P O B Z U Y N Y H L A M I
O D Y Z D A G D H F V O A O L V Z R A A
W E W Y F M Y L H Y T J Z F G O T E R L
S W O P R B W H V Y V W M C B C A G K M
E E Y Y J D O W C C H L A U P X W D W E
R B Y B A N X H T G Q A W R L I X I I D
G I G A B Y T E I N D A C I E X G B N I
S J F F D Q D Z C Z B P I Q O H B X T A
H A R D D R I V E Y E Z U E R Q J A E F
M F N I J H U U X C U R S O R A B G R V
I E C O M M E R C E A J Z T T V B I N C
J N Y J E M A I L O T V Y G T Q R D E F
E V F C A S E S E N S I T I V E L S T C
S Z S U T Z N X L X P X B C R K D E T F
```

COMPUTER TERMS

BOOKMARK	BROWSER	CASESENSITIVE
CURSOR	DOWNLOAD	ECOMMERCE
EMAIL	FILE	GIGABYTE
HARDDRIVE	INTERNET	MALWARE
SOCIALMEDIA	SOFTWARE	WORLDWIDEWEB

```
U  B  S  P  Z  R  V  C  F  F  R  C  W  D  E  T  P  W  E  G
R  M  I  T  O  S  I  S  O  V  C  M  X  G  G  L  K  Y  D  E
N  C  H  R  O  M  O  S  O  M  E  P  N  X  W  F  L  D  P  N
M  S  F  B  M  E  N  O  N  Y  C  I  Z  B  D  U  Z  T  H  O
H  U  B  F  P  E  Q  B  B  L  A  N  R  Y  Z  J  K  T  E  M
B  N  U  Y  Y  D  Y  P  S  N  V  D  C  L  O  N  E  Y  N  E
E  L  H  A  S  G  M  N  L  A  N  Y  S  R  R  R  M  H  O  N
L  M  Y  V  I  X  G  S  N  E  L  J  R  W  P  D  K  E  T  T
G  U  J  S  W  D  G  A  B  I  P  L  U  R  X  O  E  R  Y  C
E  P  Z  D  G  A  E  B  N  E  V  O  C  D  U  M  K  E  P  T
N  R  E  C  E  S  S  I  V  E  M  F  O  N  Z  I  P  D  E  R
E  D  R  O  S  T  L  W  R  K  J  U  R  S  P  N  G  I  B  E
T  O  D  V  P  V  Q  D  M  E  R  P  T  O  S  A  N  T  R  T
H  H  D  S  L  B  I  M  Y  W  Q  U  K  A  W  N  U  Y  O  R
E  N  I  H  T  V  C  K  E  G  P  G  W  P  T  T  Z  M  R  A
R  G  E  N  O  T  Y  P  E  H  E  S  S  B  R  I  T  R  C  I
A  D  Z  H  B  H  P  H  X  A  A  N  N  R  B  R  O  R  H  T
P  C  A  R  R  I  E  R  G  J  G  K  E  Y  D  P  E  N  E  S
Y  K  A  R  Y  O  T  Y  P  E  H  P  Q  S  I  H  P  T  E  P
X  P  B  X  A  F  N  O  S  Q  H  C  K  Y  Z  X  K  T  Z  P
```

GENETICS

CARRIER	CHROMOSOMES	CLONE
DOMINANT	GENE	GENETHERAPY
GENOME	GENOTYPE	HEREDITY
KARYOTYPE	MITOSIS	MUTATION
PHENOTYPE	RECESSIVE	TRAITS

```
M Q M B O T F Y O X Z A U E P V Y M D I
Z L Q N D H V L X S F P R B P C D C A Y
D P M N L X I R S A S Z I J P S U W I L
L B R I J T T P I Q X L B D N I O C L S
S I Q A O Z D F P P Q P O W A H F F Y P
C M Z C N V D R O K G Z F D S U A S V M
X H D I J Y P F D J P J L B C C T Y A U
B L E N V F Q P P K E R A M O M S P L L
U X W W T H I A M I N E V S R G O Y U T
C W S Z A Q V G X B Y I I A B N L R E I
G B C R S B K X T Y A W N Z I S U I S V
E V I U A W L H D A I H N J C F B D S I
L G Q O R W J E Z J D A K T A Y L O E T
S F N E T T Y D L B A J X E C X E X N A
M D B R O I T V Y V Q P N N I P K I T M
T S X C J H N T E Z J Z X C D I S N I I
L R Q Q U H A W F O L I C A C I D E A N
J P A N T O T H E N I C A C I D R S L S
P R H I L Z Q R N M S A H E R T N A A N
P W A T E R S O L U B L E G K G R O O L
```

VITAMINS

ASCORBICACID   BIOTIN   CHEWABLE

DAILYVALUE   ESSENTIAL   FATSOLUBLE

FOLICACID   MULTIVITAMINS   NIACIN

PANTOTHENICACID   PYRIDOXINE   RIBOFLAVIN

THIAMINE   WATERSOLUBLE

```
F O S S I L G U N H P W F I I S H X V K
X G Q Z R O Z R B G K Z V A P J D M U A
B C E H O D L M O H C N F N U X H L F V
M E H O N U L B H U V Z K O K L E X M A
W W D U T W M D G F N M E O P H T O O L
U D T R C H Q L R O N D P K Z L T W R A
L S J J O O E O V F Q G W Q A R X G A N
Z T E E P C Y R T C U G O A I G R P I C
E C Q D C Y K A M R P N X X T W J M N H
U S R F I F V N I A W L N X T E Z T E E
G Z I H L M A I V T L L M L L E R W I N
R H N P M O E W L E P G S F U P G I U U
U N G S Z V C N H R W W V L U H R N W B
U P O U H G X W T R S Z Q J A C R D Z A
R H F U J H S N U U V W R T A W T W X S
H F F H W O U F U S K K P D I U H A Q A
M U I A L L U V I U M T U A O H A R Z L
T J R N H T N S Q P Q P E J O L Z D M T
G W E X K C M M C A P P R B F B B R L U
A Q U I F E R O S P M X N C V M T S B U
```

EARTH SCIENCE

ALLUVIUM	AQUIFER	AVALANCHE
BASALT	BEDROCK	CRATER
FAULT	MORAINE	GEOTHERMAL
GROUNDWATER	WINDWARD	RINGOFFIRE
SEDIMENT		

```
E  D  P  R  Y  P  W  J  N  N  S  I  A  I  Y  H  J  R  I  H
A  F  J  Z  I  O  F  K  U  U  X  E  L  U  O  H  U  U  U  D
T  X  J  C  W  E  E  E  O  P  C  G  Y  Q  V  N  E  K  M  H
O  R  I  V  Q  S  L  I  B  L  G  L  R  Z  F  A  O  Y  K  C
M  A  L  K  L  S  Z  E  B  E  U  X  E  J  S  D  H  I  W  H
I  Y  T  W  E  J  D  Q  C  X  W  Q  N  U  B  Y  B  Q  W  F
C  S  S  O  C  O  U  A  T  T  B  P  N  A  S  L  O  U  P  M
M  A  H  R  M  K  H  E  N  Z  R  K  R  N  Z  I  N  B  K  S
A  R  T  Y  Z  I  D  H  W  O  J  O  S  F  W  E  D  V  Q  U
S  Q  Z  R  J  Z  C  Q  H  Q  J  C  N  H  N  L  S  N  Y  B
S  O  E  H  V  X  M  W  Z  G  Y  K  M  E  E  Y  Y  O  G  A
L  Y  F  N  I  I  R  T  E  Z  L  U  X  Z  K  L  T  R  Y  T
T  L  Z  P  R  O  T  O  N  I  M  O  C  Q  F  A  L  B  E  O
O  S  X  Z  L  Q  C  T  Y  W  G  X  P  U  K  Q  Q  I  T  M
G  R  G  H  V  S  K  R  Z  Q  L  H  H  A  W  U  K  T  B  I
L  O  O  U  X  A  W  P  J  Z  W  W  T  R  L  U  R  N  I  C
J  H  Q  T  N  V  F  R  D  Q  F  Y  G  K  M  V  W  P  I  V
V  G  L  R  T  M  Q  B  F  T  R  L  X  S  E  W  Z  H  Y  U
Y  N  O  N  E  U  T  R  O  N  X  J  I  Z  H  D  W  O  F  I
S  V  A  L  E  N  C  E  F  J  C  R  T  C  H  A  R  G  E  N
```

ATOMS

ATOMICMASS	ATOMICWEIGHT	BONDS
CHARGE	ELECTRON	ION
NEUTRON	NUCLEUS	ORBIT
PROTON	QUARK	SHELL
SUBATOMIC	VALENCE	

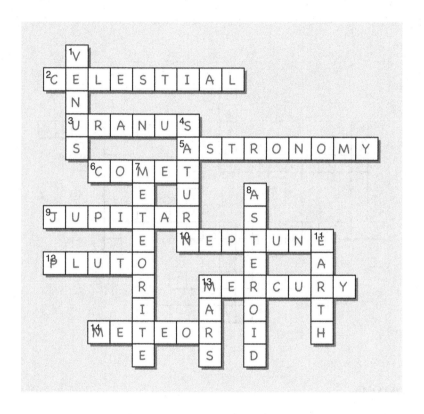

ASTRONOMY

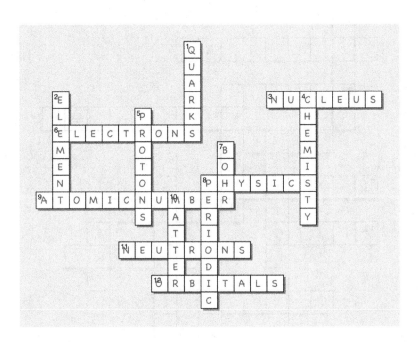

ATOMS

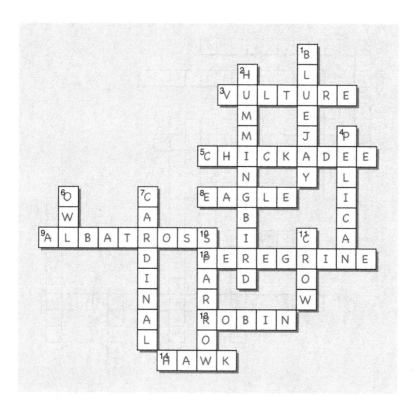

BIRDS

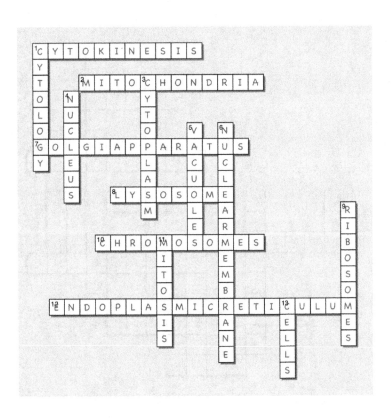

THE CELL

CONSTELLATIONS NICKNAMES

DNA

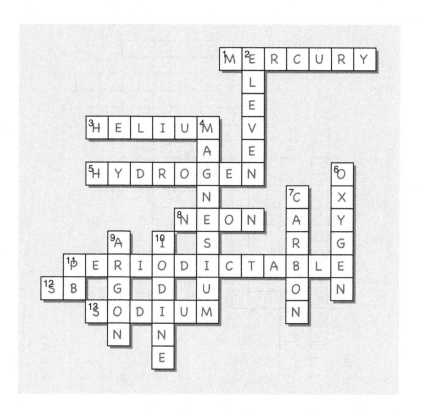

ELEMENTS

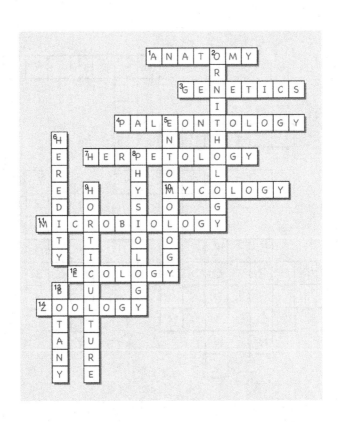

FIELDS OF BIOLOGY

FOOD

SPIDERS

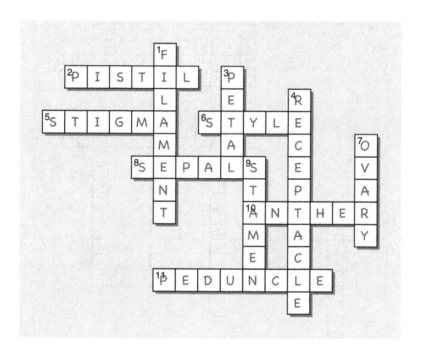

THE FLOWERS

THE HEART

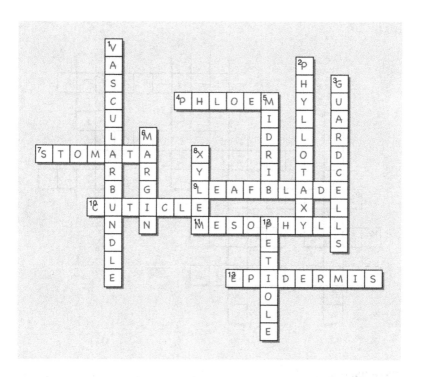

THE LEAF

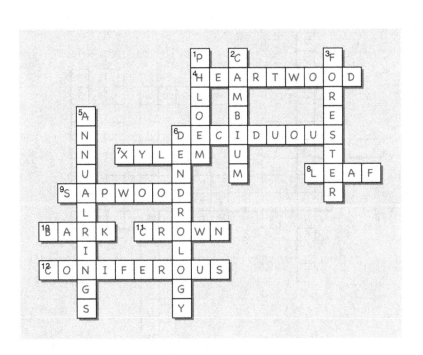

THE TREES

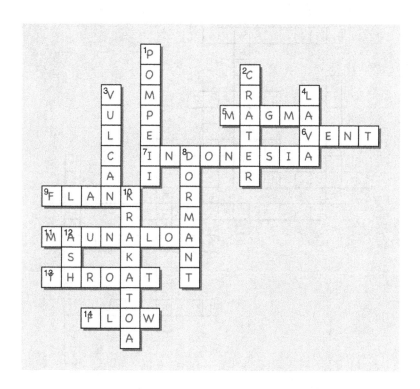

THE VOLCANOES

WEATHER

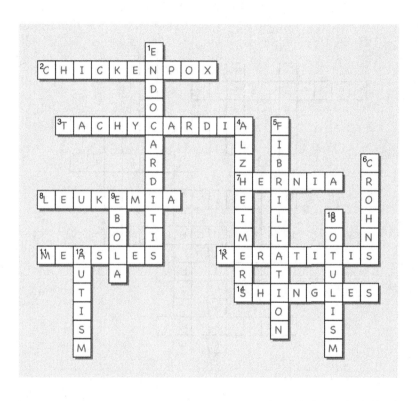

DISEASES AND CONDITIONS

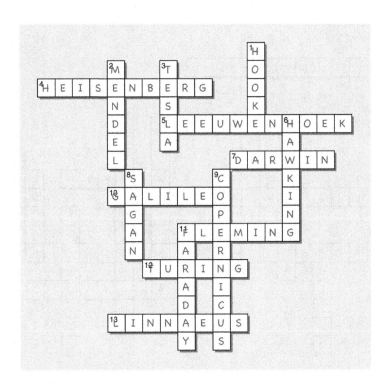

FAMOUS SCIENTISTS

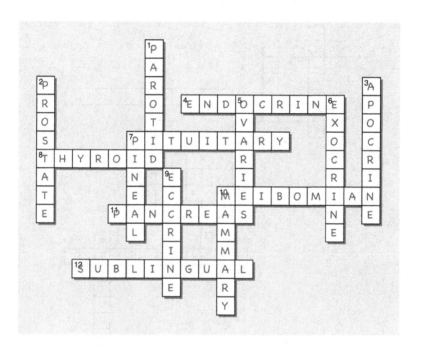

GLANDS OF THE BODY

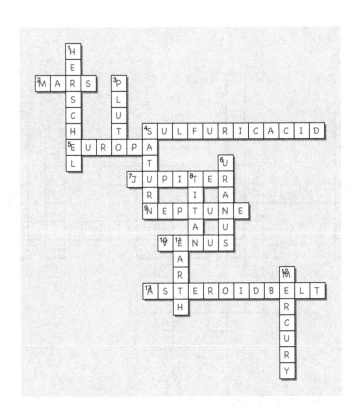

PLANETS

HEALTH CAREERS

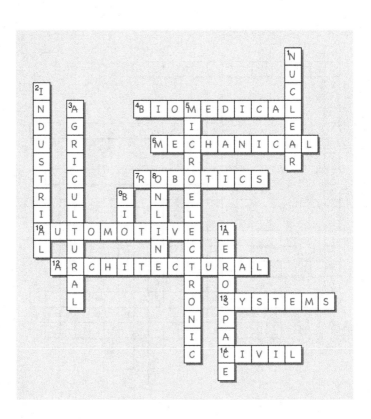

ENGINEERING CAREERS

THE MOON

BLOOD

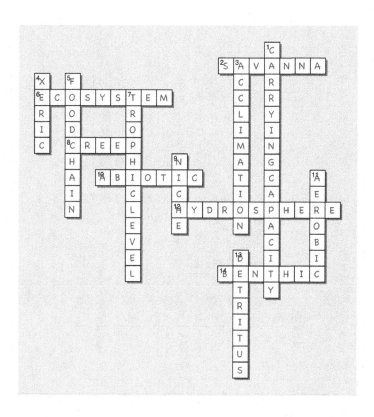

ECOLOGY

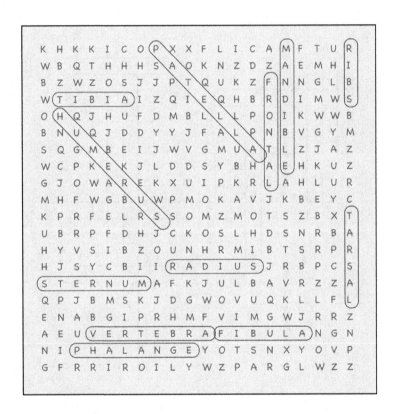

BONES OF THE BODY

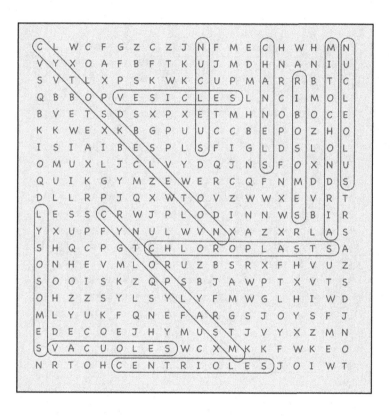

CELL PARTS

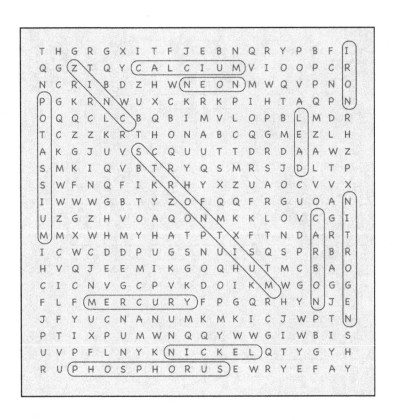

ELEMENTS

```
M  A  Y  R  O  I  E  J  F  X  E  N  X  B  U  G  D  V  L  X
N  J  M  A  T  M  U  M  E  R  C  U  R  Y  Y  F  O  W  N  H
F  X  K  K  S  W  A  T  H  J  R  Z  W  F  W  M  L  B  W  K
S  H  V  C  K  F  J  R  Y  T  T  U  F  Z  L  E  W  R  L  H
N  X  A  N  K  H  P  Z  S  D  Y  T  C  W  C  X  Y  D  H  S
Q  G  T  E  Y  T  O  X  E  R  I  X  O  R  X  S  G  S  U  H
K  N  N  P  B  X  J  V  Q  J  D  B  N  I  V  D  U  R  R  P
F  E  S  T  V  R  T  R  D  I  O  P  K  D  M  Z  O  O  A  G
U  S  H  U  B  C  I  L  S  M  I  C  K  C  L  T  E  Y  N  J
E  Y  U  N  I  G  Q  X  R  M  T  F  D  J  U  V  G  G  U  U
T  L  V  E  S  G  T  Q  V  M  H  Q  Y  F  Q  I  R  J  S  P
T  L  U  B  T  B  N  G  W  L  X  K  X  P  O  Z  I  T  T  I
Y  E  E  T  F  F  M  A  F  D  S  B  I  N  Y  S  Q  Y  J  T
F  E  A  I  T  Y  E  M  X  Z  Y  A  I  W  I  O  T  A  T  E
B  O  W  Y  C  Y  Y  S  G  U  B  Y  S  D  P  Q  Y  W  S  R
P  C  Q  X  Q  I  T  H  F  B  I  I  T  C  R  L  W  M  X  Q
B  T  E  H  N  U  R  X  L  D  M  M  G  C  V  H  U  N  D  Z
E  T  J  Y  L  E  D  I  Z  U  D  O  U  G  O  I  U  T  M  G
D  V  E  N  U  S  M  T  F  B  N  G  M  R  H  P  X  T  O  W
Y  J  Y  S  A  T  U  R  N  F  N  E  A  R  T  H  Q  Y  O  F
```

PLANETS

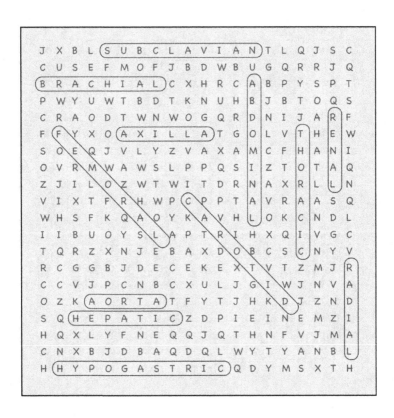

Bloos Vessels

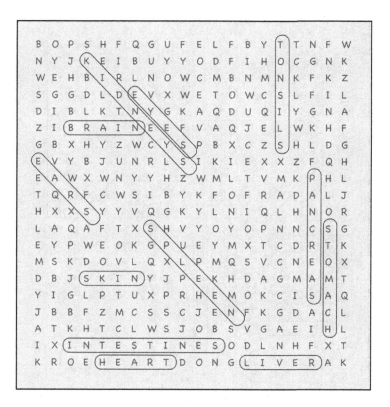

BODY ORGANS

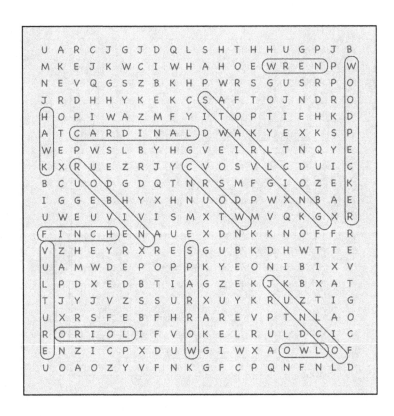

KINDS OF BIRDS

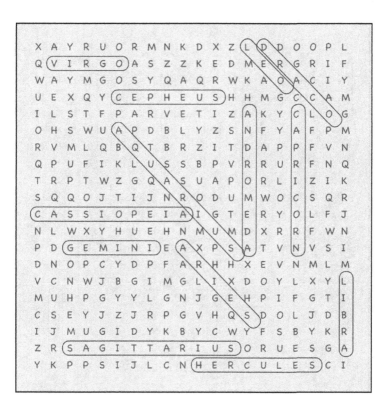

CONSTELLATION

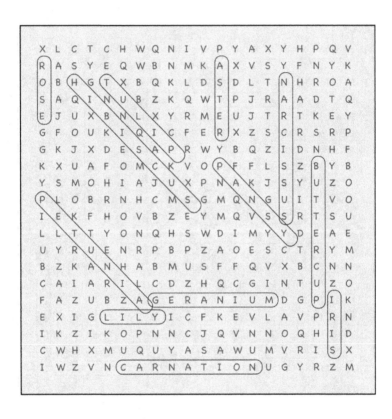

FLOWERS

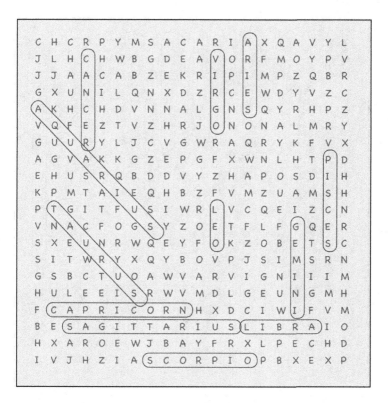

ZODIACS

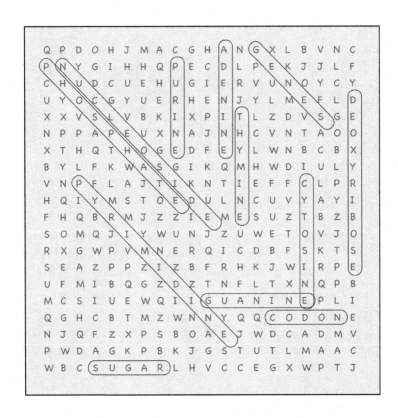

DNA Terms

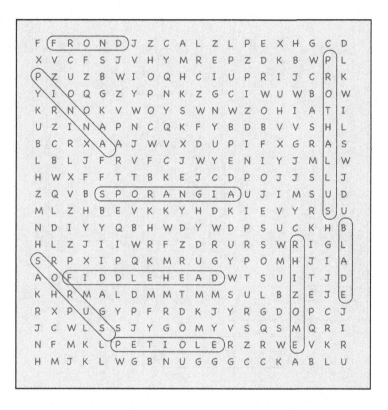

FERNS

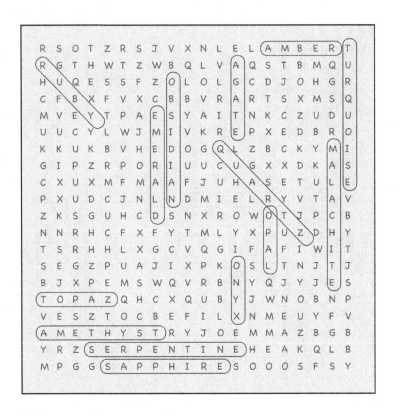

GEMSTONES

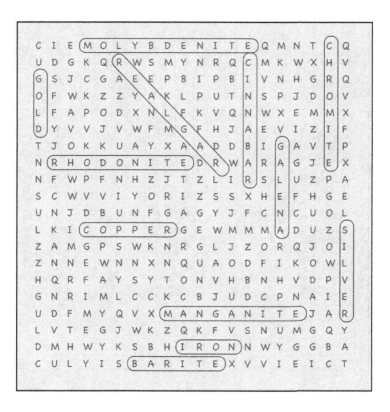

METAL ORES

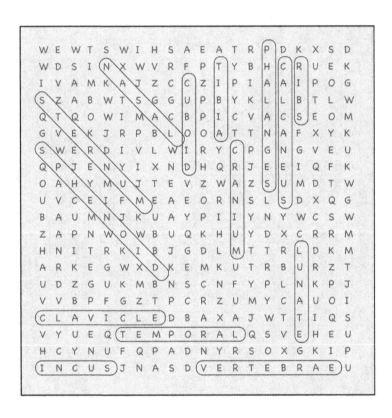

Human Bones

```
M  X  I  H  S  Q  E  T  R  V  Z  T  R  P  L  U  G  S  H  Y
R  J  J  L  T  U  I  G  W  P  O  R  N  W  L  N  V  A  G  T
E  P  I  S  T  O  N  R  A  N  Z  D  B  U  W  Q  A  G  T  P
G  J  V  T  R  A  P  W  M  D  L  O  D  G  K  S  L  Q  R  C
U  V  Y  D  X  U  B  C  C  O  B  Y  H  U  E  Q  V  H  A  Y
L  J  J  Z  O  R  V  P  L  Y  F  Y  M  O  G  R  E  Z  L  L
A  Q  I  V  X  J  U  H  P  C  R  F  A  V  S  C  S  I  F  I
T  Z  H  V  W  P  Z  Q  M  C  H  K  X  S  C  E  H  O  O  N
O  S  X  Z  N  U  M  L  D  R  S  Y  H  V  P  C  S  K  F  D
R  E  G  A  S  K  E  T  S  G  P  E  Q  L  Y  G  K  K  S  E
U  R  H  F  T  J  H  D  D  W  A  C  B  C  F  I  X  G  U  R
S  R  U  O  O  O  X  B  Z  K  E  T  C  D  V  L  Z  O  M  S
S  V  J  F  B  L  Z  X  N  W  G  W  K  S  I  B  N  U  P  T
B  Z  U  N  I  K  S  Z  O  E  E  C  A  M  S  H  A  F  T  S
D  F  Z  T  M  C  R  A  N  K  S  H  A  F  T  C  L  H  R  M
X  F  Z  L  C  S  T  Y  N  D  R  R  F  J  F  L  J  Q  X  U
K  B  E  A  R  I  N  G  S  W  J  Z  S  P  K  O  R  M  Z  X
V  O  K  J  E  I  U  B  Z  A  C  S  F  I  B  A  D  X  B  Z
W  S  L  D  L  B  I  D  I  S  T  R  I  B  U  T  O  R  V  F
B  L  A  L  T  E  R  N  A  T  O  R  Z  G  K  B  Y  S  O  F
```

CAR PARTS

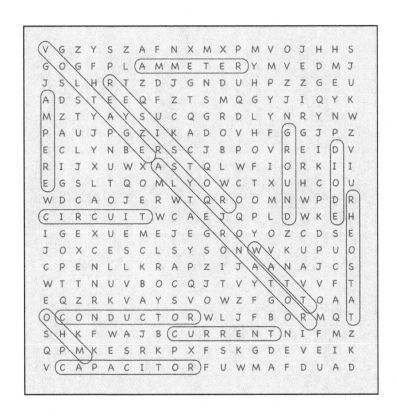

ELECTRICITY TERMS

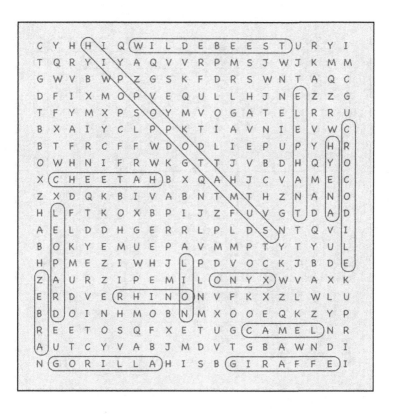

ANIMALS OF AFRICA

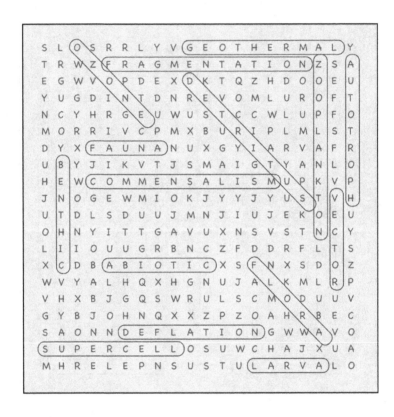

ECOLOGY TERMS

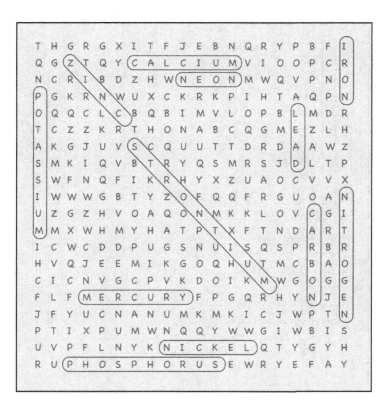

BODIES OF WATER

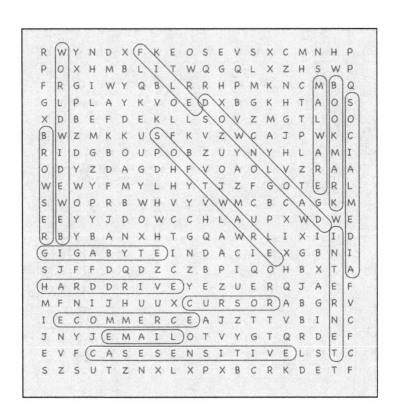

Computer Terms

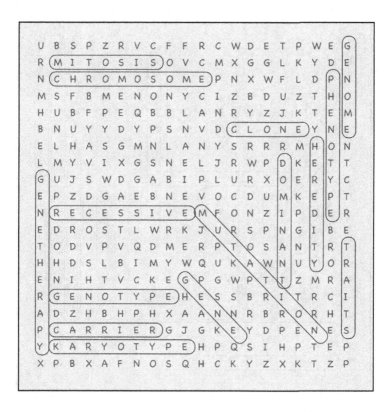

GENETICS

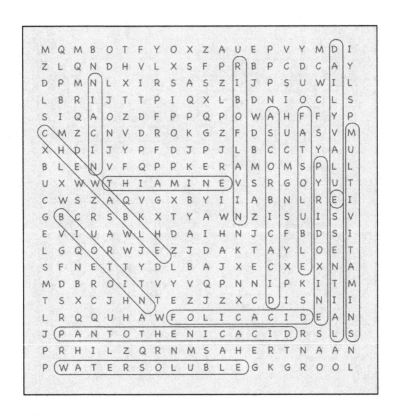

VITAMINS

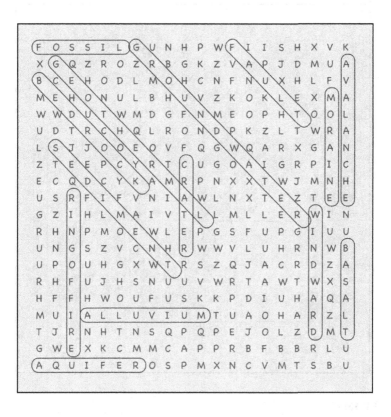

EARTH SCIENCE

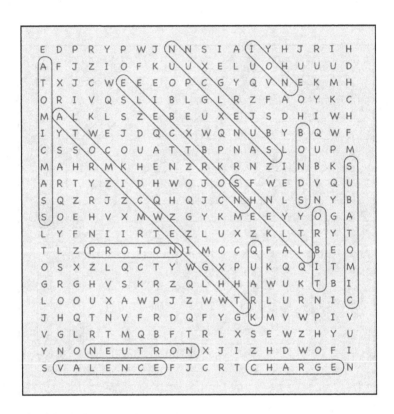

ATOMS

Printed in the United States
By Bookmasters